AF232161

NOTICE

SUR LA

GUILLOTINE

PAR

l'Abbé Adolphe Bloeme

CURÉ DE ROQUETOIRE,

MEMBRE DU COMITÉ FLAMAND DE LA SOCIÉTÉ DUNKERQUOISE POUR L'ENCOURAGEMENT
DES SCIENCES, DES ARTS ET DES LETTRES.

HAZEBROUCK
IMPRIMÉ CHEZ L. GUERMONPREZ, LIBRAIRE,
RUE DU RIVAGE.

1865.

NOTICE

SUR LA GUILLOTINE.

NOTICE

SUR LA

GUILLOTINE

PAR

l'Abbé Adolphe Bloeme

CURÉ DE ROQUETOIRE,

MEMBRE DU COMITÉ FLAMAND DE LA SOCIÉTÉ DUNKERQUOISE POUR L'ENCOURAGEMENT
DES SCIENCES, DES ARTS ET DES LETTRES.

HAZEBROUCK

IMPRIMÉ CHEZ L. GUERMONPREZ, LIBRAIRE,

RUE DU RIVAGE.

—

1865.

AUX

MAGISTRATS.

J'ai pensé faire plaisir à messieurs les magistrats de publier en brochure particulière une dissertation produite dans un ouvrage de longue haleine et intitulé : *Lettres sur la littérature flamande.* Quand ces messieurs auront parcouru cet opuscule, ils ne seront plus étonnés de voir la guillotine devenir l'objet d'une dissertation toute particulière et probablement ils ne verront pas sans intérêt s'agglomérer ici une foule de choses historiques, philosophiques et morales à à l'occasion de cet instrument dont se sert la justice pour venger les crimes.

J'ai joint à cet écrit la reproduction d'un

instrument de supplice dont la représentation se
trouve aux œuvres du célèbre poëte Jacob Cats.
Cette gravure et la description que fait le moraliste de l'instrument, établissent qu'il se trouve
une étonnante analogie entre lui et ce que les
français nomment guillotine.

Si quelqu'un des nobles et studieux magistrats entre les mains duquel pourra tomber cette
dissertation avait quelque note utile au sujet à
me communiquer je recevrai ses dires avec autant
de respect que de reconnaissance et me ferai
un devoir de les faire passer en appendice à nos
bienveillants lecteurs.

Messieurs les magistrats, daignez avoir pour
agréable ma démarche, y voir l'expression de
mes sentiments de considération et de sincère
estime envers votre corps illustre.

Vos hautes intelligences accueilleront avec
indulgence la confiance de celui qui a l'honneur
d'être

Votre très-humble et très-dévoué serviteur,

ADOLPHE **BLOEME.**

A MESSIEURS

MESSIEURS LES MEMBRES

du Comité flamand de France.

La plupart d'entre vous, messieurs, ont la bienveillante attention de me faire parvenir de temps à autre quelqu'une de leurs savantes et intéressantes publications. C'est ainsi qu'en l'année qui vient de s'écouler j'ai pu suivre pas à pas l'imprimeur dans la composition du VII.e volume de nos annales par le gracieux envoi que daignèrent me faire d'un tiré à part de leur travail, les laborieux écrivains qui apportèrent leur utile tribut à ce répertoire commun et dont maintenant chacun de nous peut se réjouir en considérant l'ordonnance de l'ensemble.

Four répondre selon ma modeste position à

une bienveillance si fraternelle et si honorable, je me suis permis de faire éditer à part et extrait d'un ouvrage en cours de publication, une brochure destinée à vous être offerte comme un gage de ma reconnaissance et aussi pour mettre sous les yeux de tous une preuve éclatante que les souvenirs les plus divers et les plus singuliers soit en histoire, soit en philosophie, soit en morale, soit en littérature se rattachent toujours quelque part à notre bien-aimée *moedertael* dont vous avez à cœur de faire revivre la mémoire.

L'étrangeté du fait historique qui doit se dérouler sous vos yeux dans les détails de ma modeste brochure me l'a fait choisir de préférence à d'autres citations et en fin de compte je me suis octroyé le passe-port de franchise par les souvenirs chez vous toujours chers et vénérés de l'une de nos principales réputations littéraires.

Le grand poëte Jacob Cats.

Daignez donc accueillir ce fraternel et respectueux hommage de la part d'un collaborateur plein d'admiration pour votre zèle, et dévoué selon ses moyens à cette même cause.

Votre très-respectueux collègue,

ADOLPHE **BLOEME.**

FAC-SIMILE

D'UN INSTRUMENT DE SUPPLICE DONT LA REPRÉ-
SENTATION SE TROUVE AUX ŒUVRES DE JACOB
CATS. EDITION IN 12 , IMPRIMÉE A....

Cette gravure et la description que fait le poëte de l'instrument
établissent qu'il se trouve une étonnante analogie entre lui et ce que
les français nomment **Guillotine**.

NOTICE

SUR LA

GUILLOTINE.

Mon cher imprimeur,

J'ai déjà eu l'honneur de vous dire comment, sans sortir de l'objet de notre correspondance, la *Littérature flamande*, il nous était facile de faire une dissertation sur la guillotine et établir historiquement l'antiquité de cet instrument que plusieurs encore attribuent sans motif au docteur Guillotin. Nous traiterons en cette lettre ce sujet qui ne laisse pas d'avoir son genre d'intérêt pour plusieurs et pour nous celui de remémorer un passage remarquable de nos poësies.

Les flamands donc ont en main un titre qui établit l'antiquité de la guillotine et donne un argument certain à ceux qui cherchent à innocenter le docteur philantrophe de la réputation de cruauté qu'on a voulu lui faire subir.

J'avais un jour l'honneur d'adresser à M. de Bertrand, l'un des fondateurs du comité flamand, ce passage du père de la poësie hollandaise et flamande, ensemble la traduction que j'en avais faite; ce digne et obligeant ami eut la bonté de donner communication de mon travail en la séance du 16 juillet 1857.

Or, voici pour nos sociétaires disséminés ce que j'avais pris la confiance de lui écrire :

« Mon cher Monsieur,

» Je viens de m'acquitter de la promesse que je vous ai
» faite dernièrement et vous fournir, puisés chez notre viel
» ami Cats, les matériaux nécessaires pour la solution d'une
» question historique.

» Presque chaque fois qu'a lieu une exécution capitale on
» se demande pourquoi l'instrument du supplice dressé sur
» l'échafaud se nomme Guillotine et on discute sur l'invention
» d'un sieur Guillotin. Vous avez à cet égard la facilité de
» puiser les documents pour élucider ce qui se passa à la
» triste époque sanguinaire du dernier siècle....

» Mais autre question, les inventeurs de la hâche expé-
» ditive appartiennent-ils à l'époque de Guillotin et consorts?
» Peut-on octroyer ce brevet d'invention à leur génie?.....
» Non évidemment si ce tranchant dit révolutionnaire se
» trouve être de date plus ancienne... Si nous rencontrons
» une description exacte de cette manière d'expédier les
» victimes de la vindicte chez un écrivain antérieur à l'ap
» parition sur la scène des niveleurs de 93.

» Je vous livre donc un passage de Jacob Cats qui pourrait
» fort bien à mon avis trancher la question et débouter
» Guillotin du titre coloré qu'on prête à sa mémoire tou-
» chant cette invention qui serait loin d'être nouvelle. »

Après ces préliminaires suivait le passage du poëte accom-pagné d'un commentaire.

Nous lisons au bulletin du comité flamand, séance du 16 juillet 1857, pages 133 et 134, tome premier quel accueil fut fait à ce travail.

M. de Bertrand, à qui je l'avais confié, toujours plein d'o-bligeance malgré ses nombreuses occupations, eut l'attention de m'écrire :

«.... Je n'ai pas pu lire à la séance de juin votre travail

sur Cats, mais je l'ai lu à celle de juillet. Il sera admis à l'impression quand arrivera son tour..... Il sera suivi d'une note que j'ai communiquée au comité..... »

Il y avait deux ans que dormait paisiblement dans les cartons du comité flamand ma communication au sujet de la guillotine, lorsque parut dans le journal qui s'intitule : *la Patrie,* un article sur ce sujet qui fit sensation, puisque plusieurs personnes m'en entretinrent. J'eus occasion naturelle de mêler un mot à la conversation. Chacun se plût à dire que cette question historique avait bien son genre d'intérêt; on m'engageait à produire en faveur du public une pièce si remarquable et d'autorité décisive dans la cause; ma publication, disait-on, ne pouvait manquer d'être bien accueillie et d'offrir quelqu'utilité à ceux qui écriront l'histoire....

Bientôt je fis un petit voyage à Dunkerque et me procurai par la même occasion le plaisir d'assister à une réunion très-intéressante du comité flamand.

J'eus la satisfaction d'y faire plus particulièrement la connaissance de M. Thélu, archiviste bibliothécaire, qui se montra pour moi de la plus officieuse obligeance.

Depuis lors le comité a perdu cet homme précieux, sa mort laisse bien des regrets chez tous ceux qui l'ont connu.

Je ne quittai point Dunkerque sans avoir repris possession de mon manuscrit. Je lus en diverses rencontres la traduction des vers de Cats. Toujours je vis cette chose accueillie avec plaisir et toujours quelqu'un émettait l'avis de mettre ce passage sous les regards du public.

Ma résolution inspirée par l'opinion ne tarda pas à me faire prendre la plume. J'ai en outre souvenance, mon digne Monsieur, que lorsque vous me fites l'honneur de m'offrir aimablement les colonnes de votre journal pour une correspondance sur la *Littérature flamande,* je fis de suite mention du passage de Cats sur l'instrument de supplice nommé chez nous Guillotine, et indiquai ce passage comme un épisode remarquable à ne pas omettre dans nos entretiens.

Mais il ne s'agit plus aujourd'hui de faire tout simplement

une citation poëtique. Les dires du journal *la Patrie* nous ont amenés à une dissertation historique en règle. Pour ma part je me suis exécuté, j'ai fait maintes recherches, je les ai classées; c'est à vous maintenant de voir, mon cher imprimeur, si vous jugez faire un acte agréable à vos lecteurs en leur donnant ces renseignements.

Voici d'abord le texte, sur le sujet, inséré en la chronique de la *Patrie*, édition du soir, le mercredi 30 novembre 1859.

CHRONIQUE.

« Les hommes, en général, sont plus bêtes que méchans;
» telle est l'expression familière d'une pensée que Fénélon
» revêtit jadis d'une forme plus noble. Comme j'ai oublié
» les termes élégants dont il s'est servi, j'ai recours à la
» langue populaire, mais, bien ou mal habillée, la pensée
» est juste, et c'est ce qui nous importe.

» La plupart de nos actions mauvaises procèdent de mau-
» vais raisonnements; presque toujours c'est notre esprit
» qui égare notre cœur. Préjugés, malentendus, faux rap-
» ports, fausses interprétations, calomnies volontaires ou
» involontaires, erreurs individuelles ou sophismes tradi-
» tionnels, voilà toute la vie, voilà l'origine de toute haine,
» de toute injustice et de toute cruauté. Rien de tenace
» comme une erreur, d'invincible comme un préjugé popu-
» laire, d'inattaquable comme une iniquité légale. Il serait
» plus aisé d'attendrir un mauvais cœur que de persuader
» un esprit prévenu, et vous aurez plutôt fait de ramener
» au bien quarante drôles ou vingt scélérats, que de ramener
» au vrai un honnête homme qui se trompe sincèrement.

» Hélas! ce n'est pas seulement devant les tribunaux que
» la réhabilitation est parfois impossible; mais encore devant
» l'opinion publique. La foule aveuglée reste souvent aussi
» implacable que les juges officiels, et vous trouverez plus
» d'un nom à jamais déshonoré dans les souvenirs du monde,
» comme l'est encore celui de l'infortuné Lesurques dans les
» archives du palais.

» Il ne faut pourtant point perdre courage et passer con-
» damnation; mais plaider toujours, continuer la défense

» et sans cesse redemander la révision du procès perdu. Il
» faut en appeler toujours au public mieux informé, et si
» la vérité ne finit point par triompher, la lutte que l'on
» aura soutenue pour elle ne sera, du moins, ni sans intérêt,
» ni sans honneur pour ses courageux avocats.

» Notre intention n'est pas aujourd'hui de tenter la jus-
» tification d'aucune victime des erreurs judiciaires : nous
» voudrions dégager la mémoire d'un homme honorable et
» inoffensif de certains récits erronés qui s'attachent à elle
» depuis plus d'un demi-siècle, et qui menacent de la ternir
» à jamais. Ce n'est pas que le nom de cet homme semblât
» fait pour vivre dans l'histoire; il avait du savoir et du
» mérite, mais il serait oublié aujourd'hui, si une méprise
» populaire n'avait condamné son nom à une fâcheuse
» immortalité.

» C'est de Guillotin que je veux parler, un brave et habile
» médecin de Saintes, qui fit partie de la commission
» nommée par Louis XVI, pour l'examen du mesmérisme,
» et qui joua honnêtement un rôle secondaire dans le grand
» drame de la révolution. Le malheur voulut que, dans une
» pensée d'humanité, il proposât à l'Assemblée nationale de
» substituer la décapitation aux abominables supplices jus-
» qu'alors en usage. Depuis lors, il eut beau faire, il eut beau
» protester et gémir, il devint le parrain de l'horrible ma-
» chine qui, de son nom, s'appela la Guillotine.

» Or, vous allez voir s'il méritait cette triste célébrité.

» Il suffira, pour lui rendre justice, de connaître l'histoire
» de la Guillotine, et je l'emprunterai à l'excellent et gigan-
» tesque travail qui paraît sous ce titre : Dictionnaire fran-
» çais illustré, encyclopédie universelle, par M. Dupiney de
» Vorrepierre.

» Dès les premières années du seizième siècle, les Italiens se
» servaient, pour opérer la décapitation des condamnés à
» mort, d'une machine composée de deux poteaux plantés
» verticalement et joints par une traverse à leur partie
» supérieure. Une lourde hâche suspendue à cette traverse
» tranchait le cou du patient, qui était posé sur un bloc de

» bois placé au-dessous. Cette machine s'appelait mannaja.
» Un appareil du même genre était usité en Écosse sous le
» nom de Mayden.

» Cet instrument du supplice était également connu en
» France, puisqu'on l'employa en 1632, lorsque le duc de
» Montmorency fut exécuté à Toulouse.

» La guillotine ne date donc point de la révolution; elle
» n'a donc pas été inventée par le docteur Guillotin.

» On ne fit alors que généraliser et perfectionner une in-
» vention déjà vieille de deux siècles.

» En 1789, lorsque la Constituante s'occupait de refondre
» notre législation pénale, un des représentants, le docteur
» Guillotin, proposa d'appliquer la peine de mort suivant
» un mode uniforme, quelle que fût la condition des
» condamnés, ét il indiqua la décapitation comme le procédé
» à la fois le plus sûr, le plus rapide et le moins barbare.

» Le principe fut adopté; mais on ne songea à son appli-
» cation qu'en 1791, et c'est à la Législative qu'appartint
» cette tâche.

» Chargée par cette assemblée de donner son avis sur
» le meilleur mode de décollation, l'Académie de médecine
» présenta, le 7 mars 1792, un rapport signé de son secré-
» taire perpétuel, le docteur Louis, dans lequel elle proposait
» l'emploi de la mannaja italienne modifiée.

» Le 20 décembre suivant, un décret sanctionna les conclu-
» sions de ce rapport.

» La première machine fut construite, sous la direction
» du docteur Louis, par un mécanicien allemand nommé
» Schmidt, et essayée, le 17 avril, sur trois cadavres, à
» Bicêtre. Enfin, après quelques modifications de détail, elle
· fut définitivement livrée aux exécuteurs.

» La première exécution eut lieu à Paris, le 25 avril 1792,
» sur un voleur de grand chemin, appelé Nicolas-Jacques
» Pelletier, et, le 21 août suivant, elle servit pour la pre-
» mière fois, en matière politique, au supplice de Collenot-
» d'Angremont, l'un des condamnés à mort à l'occasion de
» la journée du 10 août.

» A ses débuts, la machine fut d'abord appelée Louison
» et Louisette, du nom du secrétaire de l'Académie de mé-
» decine; mais elle reçut presque aussitôt, et l'on ne sait
» pourquoi, d'un des journaux du temps, la dénomination
» de guillotine, qui lui est restée, bien que le docteur Guil-
» lotin fut entièrement étranger à son adoption.

» Ajoutons que la guillotine (puisqu'il faut ainsi parler
» pour se faire comprendre), n'a pas, Dieu merci, servi à
» décapiter celui qu'on a faussement nommé son inventeur.

» Il est vrai que le pauvre docteur Guillotin fut arrêté
» pendant la Révolution, et courut grand risque de monter
» sur l'échafaud, ce qui, par parenthèse, serait déjà un excel-
» lent indice en sa faveur.

» Mais il recouvra sa liberté; reprit l'exercice de sa pro-
» fession, contribua à la formation de l'Académie de médecine
» de Paris, et mourut paisiblement dans son lit, le 26 mai
» 1814, à l'âge de 76 ans.

» Je crois que l'évidence est faite sur cette victime de
» l'opinion; les faits ne permettent pas le moindre doute, et
» l'on peut affirmer que si Guillotin donna son nom à la
» guillotine, ce fut bien sans le vouloir.

» Il me semble que, si je me nommais Guillotin, et que je
» descendisse de ce médecin calomnié, je serais fort aise que
» cette vérité fût bien constatée et en tous lieux publiée.

» Nous aurions ce service à rendre à bien d'autres noms,
» et, dans l'occasion, nous ne manquerons pas à ce devoir. *

Tel est l'article de la *Patrie*, signé Henri d'Audigier. Je ne
me suis permis la plus petite rature ni le plus léger chan-
gement. Je laisse à ce monsieur son langage personnel. J'ai
vu et chacun, je le pense, verra dans cette chronique le
vœu d'un cœur honnête désirant sincèrement la réhabilitation
d'une mémoire sur laquelle semble peser une injuste accusation. Voilà pourquoi je le cite et si cette appréciation
laissait encore quelque doute, elle n'en serait pas moins un
premier jalon pour arriver à la conviction.

J'en ai rencontré un second; je crois qu'on lira volontiers cet extrait de l'*Encyclopédie du XIX.ᵉ siècle*.

« Guillotine, instrument adopté en France pour trancher » la tête à ceux qui sont condamnés à mort.

» Cette machine tire son nom du docteur Guillotin qui, le » 1.ᵉʳ décembre 1789, à l'Assemblée nationale, *s'en déclara* » *l'inventeur;* mais l'honneur de cette invention ne lui ap- » partient pas, car bien avant la Révolution, les parisiens » ont pu voir cet instrument de supplice représenté dans » une pantomime d'Audinot, ayant pour titre les Quatre » Fils Aymon. La guillotine est une machine fort ancienne » en Italie; elle portait dans ce pays le nom de Manuja. Cet » instrument, dit le P. Labat, dans son voyage publié en » 1730, est un chassis de quatre à cinq pieds de hauteur, » d'environ quinze pouces de largeur dans œuvre, il est » composé de deux montans d'environ trois pouces en carré, » avec des rainures en dedans pour donner passage. Les deux » montants sont joints l'un à l'autre par trois traverses à » tenons et à mortaises, une à chaque extrêmité, et une » encore à quinze pouces au-dessus de celle qui ferme le » chassis. C'est sur cette traverse que le patient pose son » cou. Au-dessus de cette traverse est la traverse mobile, en » coulisse, qui se meut dans la rainure des montants. La » partie inférieure est garnie d'un large couperet de neuf à » dix pouces de longueur et de six pouces de largeur, bien » tranchant et bien aiguisé. La partie supérieure est chargée » d'un poids de plomb de 60 à 80 livres; on lève cette tra- » verse meurtrière jusqu'à un pouce ou deux près de la tra- » verse d'en haut à laquelle on l'attache avec une petite » corde; l'exécuteur ne fait que couper cette dernière, et » suivant la coulisse, tombant à plomb sur le cou du pa- » tient, le lui coupe net. »

» Au commencement du XVI.ᵉ siècle, Jean d'Anton, histo- » riographe de Louis XII, raconte ainsi le supplice d'un » nommé Demétri Justiniani :

» A l'année 1507, cet individu des plus gros du peuple gros » de la ville de Gennes, lequel avait meu le peuple à sédi-

» tion et entretenu en sa rébellion contre le roy......., monte
» sur l'eschaffault de lui-même; et meit à genoux et estendit
» le col sur le chappus. Le bourreau preint une corde, à
» laquelle tenait attaché un gros bloc, artout une doulouère
» tranchante, hantée dedans, venant d'amont entre deux pos-
» teaux, et tira ladicte corde en manière que le bloc tran-
» chant à celui Gennevois tomba entre la teste et les épaules,
» si que la teste s'en alla d'un côté et le corps tomba de
» l'autre. »   (*Histoire de Louis XII*, 1615, in-4.º)

» Ce fut également au moyen de la manuja que, en 1599,
» Béatrix et Lucrèce ainsi furent décapités.

» On trouve cet instrument de supplice représenté par des
» gravures; l'une est due à Henri Aldegraver, et porte la
» date de 1553; l'autre est de Georges Pentz, mort en 1550.
» Ces deux gravures représentant l'une et l'autre le supplice
» de Titus Manlins. Lucas de Granach, graveur. mort en 1553,
» a laissé de lui une page représentant le même instrument,
» que l'on retrouve également dans les *symbolica quæstiones*
» *de universo genere* d'Achille Bocchi, publiées en 1555.

» Dans le XVI.ᵉ siècle, ce genre de décapitation était em-
» ployé à Halifax, en Angleterre; on en trouve une repré-
» sentation dans la Britannia de Campden, édition 1722. Cette
» machine fut importée à Edimbourg, par Morton, régent
» d'Écosse, qui fut lui-même, en 1581, décapité par ce
» procédé.

» On croit généralement que ce fut à la suite des guerres
» d'Italie que cet instrument fut importé en France, car on
» le trouve employé à Toulouse, en 1632, au supplice du duc
» de Montmorency.

» On voit combien était peu fondé *l'orgueil du docteur Guil-*
» *lotin*, quand, en pleine Assemblée nationale, il *proposait*
» *comme sienne* la machine qui a pris son nom.

» La Guillotine fut substituée aux autres supplices, tels
» que la roue, la potence, afin de rendre moins douloureux
» le supplice des condamnés. Le décret qui supprime les
» autres genres de supplices et les remplace par la guillotine
» est du 21 janvier 1790. « Dans tous les cas, y est-il dit, où

» la loi prononcera la peine de mort, le criminel sera déca-
» pité, et il le sera par l'effet d'une simple machine. »

(*Encyclopédie du XIX.e siècle*. Tom. XIII.e, page 80).

(Imprimerie Maulde et Renou).

L'article est signé A. de P.

Cet article de *l'Encyclopédie du XIX.e siècle*, vient donner un grand appui au sentiment de Monsieur Henri d'Audigier, et il surabonde de preuves établissant que Guillotin n'est pas l'auteur de l'instrument du supplice qui porte son nom. Cet article, comme on a pu le remarquer, insinue que Guillotin s'en déclara l'*inventeur*; cela mérite examen. Il faut donc porter plus loin ses investigations.

Un autre ouvrage de même nature nous fournit, touchant le docteur Guillotin, les notions suivantes :

Extrait de l'*Encyclopédie Catholique*,
de l'abbé Glaire et du vicomte Walsch.

« Guillotin (Joseph-Ignace), médecin, né à Saintes, en 1763,
» mort en 1814, siégea aux Etats généraux. Ce fut dans un
» but d'humanité qu'il indiqua, comme instrument du der-
» nier supplice, une *machine déjà connue dans d'autres parties*
» *de l'Europe*, et que l'Assemblée constituante adopta le 3 juin
» 1791. Du nom de son *auteur* on l'appela *Guillotine*.

» Comme Louis, secrétaire de l'Académie des sciences,
» avait apporté à l'instrument primitif quelques modifica-
» tions, par exemple, l'inclinaison du couteau, on lui avait
» donné le nom de petite Louison; mais celui de guillotine
» prévalait.

» Cet instrument devint une parure; on en portait en or
» aux doigts et aux oreilles; il devint même un meuble de
» table, et les volailles n'étaient découpées qu'après avoir
» subi la décollation aux applaudissements de tous les con-
» vives.

» Guillotin, enfermé sous la Terreur, ne recouvra la liberté
» qu'après le 9 thermidor et vécut dès lors ignoré. »

(*Encyclopédie Catholique*. Tom. XII, page 635).

A part quelques-petites contradictions dans les termes souslignés, les lecteurs saisiront très-bien que cet article encyclopédie dû à la collaboration de deux écrivains distingués, émet un sentiment différend du précédent et que Messieurs Glaire et Walsch n'admettent point que Guillotin se soit forfanté du titre d'inventeur.

La Biographie universelle et le dictionnaire historique de Feller, établissent la même chose pour ne point surabonder en paroles pour ainsi dire identiques, je me bornerai à citer le passage du dictionnaire de Feller.

« Quand l'Assemblée, dit Feller, eût décidé que les crimes
» étaient personnels, Guillotin proposa de substituer la dé-
». capitation aux autres supplices, se fondant sur ce que dans
» l'opinion des Français l'infamie n'en rejaillirait point sur
» la famille du condamné, et il indiqua une machine *connue*
» *depuis longtemps* comme propre à donner la mort au patient
» sans lui causer de douleur. Il paraît que cet instrument
» était connu des Italiens au XVI.ᵉ siècle. On prétend même
» que le moyen-âge en avait connaissance. Quant à son der-
» nier *inventeur* il fut emprisonné sous la Terreur et ne dût
» la liberté et peut-être la vie qu'au 9 thermidor. Ainsi
» Guillotin comme Rouge de Lisle, ont failli être victimes
» des deux instruments révolutionnaires qu'ils avaient com-
» posés l'un la Marsellaise, l'autre la Guillotine.

Ces paroles donnant gain de cause à l'opinion émise dans la chronique de la *Patrie*, à savoir que Guillotin était à l'abri de toute accusation de cruauté dans ses propositions touchant la Guillotine et Feller qui devait le savoir, lui allant plus loin et disant qu'il n'avait parlé que dans un but d'humanité, je fus curieux de voir s'il n'existait pas un titre authentique qui vint rendre le fait aussi visible que la lumière, et je l'ai rencontré au *Moniteur* de l'époque, dont voici, pour l'appréciation de chacun, le texte officiel :

Assemblée nationale, séance du mardi 1.ᵉʳ décembre 1789.

« Monsieur Guillotin lit un travail sur le code pénal. Il
» établit en principe que la loi doit être égale, quand elle
» punit comme quand elle protége : chaque développement
» de ce principe amène un article que M. Guillotin propose
» à la délibération.

» Ce discours est fréquemment interrompu par des applau-
» dissements.

» Une partie de l'Assemblée, vivement émue, demande à
» délibérer sur le champ. Une autre partie paraît vouloir
» s'y opposer.

» Monsieur le duc de Liøncourt observe qu'un grand
» nombre de citoyens est prêt à subir les arrêts de la mort;
» qu'il est dès-lors indispensable de ne pas différer d'un
» jour, puisqu'un instant peut les livrer à la barbarie des
» supplices que l'humanité presse d'abolir; puisqu'un ins-
» tant peut livrer beaucoup de familles au déshonneur dont
» un préjugé absurde flétrirait les parents des coupables, et
» qu'une loi sage et juste doit flétrir à son tour l'article
» premier mis en délibération est décrété en ces termes :

« Les délits du même genre seront punis par le même
genre de peine, quel que soit le rang ou l'état du coupable. »

D'après cette citation, il est bien évident qu'une pensée
d'humanité guidait le docteur Guillotin lorsqu'il fit ses
propositions à l'Assemblée..... Quand plus tard cet instrument horrible porta la terreur par toute la France, c'était
bien en dehors des prévisions du philantrophe qui faillit,
comme le dit Feller, devenir lui-même la victime de cet
instrument niveleur.

Cette seconde partie de la proposition est donc établie
d'une manière si indubitable qu'elle est à l'abri de tout
conteste.

Quant à la première partie, savoir que Guillotin ne fut
pas même l'inventeur de la Guillotine; déjà probablement
d'après les citations données plus haut, l'opinion est formée.
La dernière preuve que j'en fournirai sera surabondante,
mais elle doit clore cette dissertation puisqu'elle est tirée
de la poésie même qui m'a amené à traiter ce sujet.

On sait que Cats a fait un livre qui n'est autre qu'une
exposition de tableaux de la mort, offerts à la méditation
des vivants. J'ouvre le livre au XLII.me tableau et je lis :

Op een vallende Byl, in eenige landen gebruykelyk.

Daer is een zeker tuyg in oude tyd gevonden,

Waar door al menig mensch ter aarden is gezonden,
  Dit is een stale byl, die hangd aan eene draad,
  Terwylse door een groef en op en neder gaat;
En als 'er eenig mensch is tot 'er dood verwesen,
Zo werd in 't openbaer het vonnis opgelesen;
  En hem verd straks het oog met eenig kleed bedekt,
  Den hals hem bloot gemaakt en op een blok gestrekt;
Als dan het dunne snoer in stukken werd gesneden,
Zo schyfd de zware byl in haasten na beneden,
  En treft hem in den hals die onder leyd en zucht;
  En fluks is hem de geest verdweenen in de lucht,
Een ieder wie het ziet met groote schrick bevangen,
Gevoeld een killig hert en doodsgelyke wangen.
  Bysonder als de beul omtrent het touwtjen raakt,
  Of met eene kleine snee het yser gaande maakt.

Sur une hache mobile dont se servaient les anciens dans les exécutions.

Autrefois pour punir du dernier châtiment
Il existait, dit-on, un horrible instrument
Qui livrait à la mort de nombreuses victimes :
Deux poteaux soutenaient, vengeresse des crimes,
Une hache mobile... Un fil à tous les yeux
Vers la terre abaissait, relevait vers les cieux
Cet effrayant couteau... Rapide en son allure
Et suivant les conduits d'une double rainure,
Il coulait librement... Lors donc qu'un assassin
Devait subir la loi du suprême destin :
Le coupable entendait relire sa sentence,
On dressait l'échafaud et la double potence...
Pour dégarnir le cou, le rasoir du bourreau
Abattait les cheveux, puis, voilé d'un bandeau
Le patient marchait vers le lieu du supplice,
Là sur le bloc courbé pour le grand sacrifice,
On coupait le cordon qui fixait l'instrument.
Rapide il descendait et tombait lourdement;
Accomplissant d'un coup sa mission fatale.
Chez l'homme ainsi tranché soudain la vie s'exhale.
Ceux qu'avait attirés ce spectacle d'horreur;
Blêmissaient tout-à-coup vaincus par la terreur!
Quand la main du bourreau tranchait le fil terrible,
Tout leur sang se glaçait sous un frisson horrible.

COMMENTAIRE.

Le titre nous dit : op een vallende byl. J'ai traduit : *au sujet d'une hache mobile,* mais le terme exactement rendu, nous aurions : *au sujet d'une hache qui tombe.* Dans le flamand ce mot : *valende* fait image et nous n'en pouvons rendre exactement la valeur en français. Les regards du lecteur se portent instinctivement en haut pour voir d'où peut venir *cette hache : een vallende byl.*

..... Byl, die hangd aan eene draad.

Cette hache est suspendue par un fil. Remarquons l'exactitude de la description qui suit : *ce fil fait monter et descendre la hache dans une coulisse.*

Terwylse door een groef en op en neder gaat.

Voyez plus loin les apprêts de la fatale toilette, ce cou qu'il faut dégarnir pour que rien ne fasse opposition à l'instrument terrible :

Den hals hem bloot gemaakt. — Le cou est mis à nu.

Point de différence non plus dans l'exécution du drame. On a conservé du moins pour certains criminels l'usage de les conduire au supplice la tête voilée ainsi que le décrit notre Cats.

En hem werd straaks het oog met eenig kleed bedekt.

De quel mode usait-on chez les anciens pour terminer l'acte de la vindicte publique? Op een blok gestrekt. Le patient était *allongé sur un bloc. Le bourreau tranchait le fil auquel était suspendu la hache. Aussitôt son poids la faisait descendre, elle atteignait la nuque du criminel poussant son dernier râle et la vie s'était évaporée....*

Une seule différence se rencontre entre la pratique ancienne et la moderne; elle consiste dans la manière de livrer le couteau à sa mission exterminatrice. Les anciens coupaient la corde, les modernes la décrochent. Le terme fatal est le même : c'est une tête d'homme abattue avec la rapidité de l'éclair, par une hâche qu'on laisse tomber. *Een vallende byl.*

Le volume qui m'a livré le travail de Cats, se trouve orné d'un certain nombre de gravures. Notre XLII.ᵉ tableau a la sienne. C'est donc la représentation d'une exécution capitale par l'instrument décrit dans le poëme : c'est un échafaud, c'est le cortége de la justice, ce sont des satellites, des bourreaux, c'est la foule compacte des curieux, c'est le patient placé sous la hache au moment de la laisser descendre.

Le criminel est agenouillé sur une petite plate-forme devant une espèce de table-coffre sur laquelle on l'étend. Ce coffre représente un carré long; aux deux extrémités s'élève de chaque côté un poteau; une traverse, comme un dessus de porte, s'appuie sur les deux sommets, le saillant est semblable à une corniche paraissant servir de toiture à l'immense couteau qui se trouve un peu plus bas, les deux montants sont creusés, on distingue la rainure, on voit les extrêmités de la hache s'avancer dans la coulisse, on aperçoit un cordon s'élevant perpendiculairement du centre de l'instrument tranchant. Ce cordon doit avoir un ruisseau pour coucher dans l'épaisseur de la corniche, le point d'arrêt se trouvant plus haut.... On voit s'appprocher une main tenant le tranchet destiné à couper le cordon..... C'est le moment où la foule se trouve glacée d'épouvante et où un frisson horrible saisit les plus intrépides curieux.

C'est ici le cas d'ajouter à ce qui précède la note qu'à bien voulu joindre à mon travail Monsieur de Bertrand (comité flamand, séance du 16 juillet 1857), comme suite du travail de Monsieur l'abbé Bloeme sur la Guillotine, lu ce jour, Monsieur de Bertrand lit ces lignes :

« Dans notre histoire de Mardick, imprimée en 1852, nous disions, page 221, que, dans la juridiction de Mardick, on ne connaissait pas, en 1551, la décapitation par la machine que l'on nomma plus tard Guillotine, mais qu'elle était en usage ailleurs; et pour prouver ce fait, nous ajoutons ces lignes aux pièces justificatives, pages 419.

« La Guillotine était déjà en usage au XVI.ᵉ siècle, comme nous en avons acquis la preuve par une gravure de Georges Pench, portant le millésime de 1550, et par une autre d'Aldegraver, de 1553, qui se trouvent dans le cabinet d'antiquités de Monsieur Gentil-Descamps, de Lille, visité par l'auteur, en 1847.

Ainsi, au témoignage de Monsieur de Bertrand, il existe d'anciennes gravures représentant l'instrument dit Guillotine; il en a vu deux; il indique en quel lieu et par conséquent où d'autres, comme lui, peuvent les voir. Ses dires et preuves viennent confirmer l'assertion de l'article encyclopédique cité au commencement de cette dissertation.

Le volume des œuvres de Cats fournit d'ailleurs en regard de la poésie la représentation dont j'ai fait la description, et notre poëte faisait sa saisissante description lorsque le docteur Guillotin n'existait pas encore, puisqu'il naquit en 1763.

Ainsi la thèse historique à mon avis est surabondamment résolue, mon cher imprimeur; il nous reste, pour la satisfaction de nos amateurs de la littérature flamande et surtout pour remplir les intentions du poëte, de compléter cette citation par la conclusion morale qu'il ne manque jamais de donner en ses écrits.

On ne sera pas fâché, je l'espère, de lire ces lignes aussi noblement que poëtiquement écrites, par celui qui mérita de la part de ses concitoyens le nom de Père. Nom que lui conserva la postérité. On aimera à goûter, à méditer ce langage de sublime morale inspiré par une religieuse philosophie invitant les hommes aux pensées sérieuses.

Voici donc les leçons de haute sagesse que déduit le poëte à la suite des descriptions précédentes :

Maar waarom laat het volk zich hier in dus bewegen ?
Het is met ieder mensch ook even zo gelegen.
  Hoe kloek zich iemant vind, hoe vast zyn wesen staet,
  Het leven van de mens hangd maar aan eenen draat :
Het minste dat hem treft kan hem het lyf ontstellen,
Kan hem ter neder slaan, en plat ter aerden vellen.
  Een ader, die ontspringd, een vel dat open berst,
  Een vocht dat nedersygd of aan het herte perst;
Een korrel uyt een druyf, een hairtjen ingesogen,
Een mug hem in de keel of in de neus gevlogen,
  Een graadje van een vis; ja wat te blyden lach,
  Kan maken dat de mensch niet langer leven mag.
Wat staat is, lieve ziel, op eenig mensch te maken ?

Die zoo licht werd ontzield ook van de minste zaken?
  Een damp, een visevaas, een wind, en ydel kaf,
  Is machtig reusen zelfs te leggen in het graf.
Wat raad hier myn gemoed? alleen hier op te letten,
Daar van de blecke dood ons niet en kan onsetten:
  Gy steld op heden vast, en acht het boven al,
  Alleen, daar aan het graf geen deel genieten zal.

TRADUCTION.

  Mais pourquoi s'effrayer en face de la mort?
  De chacun des humains n'est-ce donc point le sort?
  L'homme le plus robuste, ah! ne tient à la vie
  Que par un simple fil!... Elle est sitôt ravie!...
  Que faut-il pour en voir s'éteindre le flambeau?
  Que faut-il pour creuser au puissant son tombeau?...
  Un vaisseau qui se rompt, une artère qui s'ouvre,
  Une humeur, un abcès qui soudain se découvre.
  S'épanche vers le cœur.... Avaler un raisin,
  Une arrête, une mouche, un simple poil enfin....
  Que dis-je? se montrer trop sensible à la joie,
  L'un de ces riens suffit pour obstruer la voie
  De l'humaine existence, arrêter dans leurs cours
  Les projets des mortels comptant sur de longs jours?
  Mon âme, ah! tu le vois, fonder sur la poussière
  Ses desseins, son espoir; c'est une erreur grossière.
  Sert-il de s'appuyer sur le bras d'un géant,
  Quand un souffle suffit pour le mettre à néant?
  Accueille ici l'avis d'une droite conscience,
  Ne fondes des projets, ne mets ta confiance
  Qu'en celui dont l'appui ne manquera jamais.
  Ah! veux-tu de la mort voir s'émousser les traits?
  Embrasse la vertu digne de ton courage,
  La vertu du tombeau ne souffre point l'outrage;
  Les fruits de la vertu, rien ne peut les ravir
  Dans l'immuable Ciel le juste en doit jouir.

Dans le volume où j'ai puisé cette poësie se trouve en note ce passage des lettres de Sénéque : « *Erras, si in navigatione tantum existimas, exanimum esse quo à morte vita deducitur : in omni loco œquè tenue intervallum est. Dic tibi dormituro, potes non expergisci. Dic experrecto, potes non amplius dormire. Dic exeunti, potes non reverti. Dic revertenti, potes non exire.* (Sene. epist. 49).

Un peu plus bas se trouve en français cette autre note

*« Un pepin de raisin étouffa Anacréon. — Un cheveu coupa la gorge
à Fabius en avalant du lait. — Alexandre IV mourut étouffé d'une
mouche, en buvant en une fontaine, et Tarquinius Priscus, par une
arreste. — Chrysippus mourut en riant. — L'empereur Nerva d'un
effort de colère. — Jovinien d'une vapeur de fumée, etc....*

Les amateurs d'anecdotes, s'ils sont curieux d'apprécier
celles-ci, peuvent en rechercher la valeur dans l'histoire.

Chose remarquable dans ce livre hollandais que ces paroles
françaises. Probablement Cats, après avoir donné la citation
latine de Sénéque, en a agi de même pour quelqu'auteur
français. Quoiqu'il en soit, plusieurs seront satisfaits de
trouver ici ces rapprochements.

Terminons cette épitre, mon cher Monsieur, pour aborder
dans les suivantes, d'autres sujets. Dans une entreprise où
l'on marche tant soit peu à l'aventure, on ressemble aux
voyageurs chargés de faire de nouvelles découvertes.

C'est pourquoi il est très-légitime de porter un peu ses investigations partout pendant que vous publierez ces lignes
et en attendant une nouvelle place en vos colonnes, je vais
réunir les matériaux de la lettre suivante.

Je suis, comme toujours,

Votre très-dévoué,

ADOLPHE BLOEME.

P. S. Voilà bien longtemps que cette lettre fait anti-
chambre aux abords encombrés du bureau de votre journal.
J'étais tenté de m'en plaindre, mais ce retard aura une utilité
dans ce sens que vous me permettrez d'y joindre un *Post-
Scriptum.*

Vous savez peut-être mon cher imprimeur que le VII.ᵉ volume des *Annales du comité flamand de France* est sous presse.
Je dois à l'aimable attention de Monsieur le marquis de St.-
Hilaire la communication d'un extrait de ce volume touchant les fabulistes flamands et hollandais dont il est l'auteur.

Tous nos bien-aimés collègues liront avec intérêt ce précieux travail, et moi, présumant du bienveillant assentiment de l'écrivain, je vais de suite y butiner quelques citations pour nos chers lecteurs.

Ma hardiesse ne surprendra personne quand on saura qu'elle s'éveilla à la lecture des lignes délicieuses, que rencontrèrent mes regards, touchant Jacob Cats, précisément le poëte qui nous a fourni le passage sur la guillotine. A ces aimables dires nos sympathies flamandes seront plus vives, et pour les personnes qui ne connaissaient point le poëte ces personnes auront joie de faire si gracieuse connaissance:

« Jacob Cats, dit monsieur le marquis de St.-Hilaire, le poëte moraliste par excellence, celui qui a reçu du peuple le nom vénérable et touchant de père, *Vader Cats*, comme on l'appelle encore aujourd'hui. Né à Brouwershaven, en Zélande, en 1577, Cats occupe une des premières places dans l'histoire de la renaissance de la langue et de la poësie hollandaise. Après avoir fait de très-bonnes études à l'université de Leyde, il alla prendre ses degrés en droit à Orléans. Il revint dans sa patrie, fut ambassadeur en Angleterre, en 1627 et en 1651, et grand pensionnaire de Hollande de 1636 à 1651 jusqu'au moment où sur sa demande il fut remplacé dans cette haute dignité par le célèbre Jean de Witt. Mais cela nous importe peu; ce qui a fait la gloire et la popularité de J. Cats, ce qui a fait vivre son nom dans la postérité, ce n'est si son ambassade d'Angleterre, ni son titre de grand pensionnaire, ce sont ses poésies naïves et charmantes, qui embrassent presque tous les genres; ces poësies sont des emblêmes et des allégories conformément à l'usage de son temps; des poëmes sur les différents âges et conditions de la vie; des mélanges où se trouvent des chansons, des fables, des idylles; un poëme sur la vie champêtre, un autre sur sa propre retraite rurale et sa vieillesse octogénaire; ses emblêmes sont en trois langues, en hollandais, en latin et en français, mais on voit aisément que de ces trois idiomes, après le hollandais, le latin lui était plus familier que le français. Le recueil de ces ouvrages religieusement conservés et fréquemment imprimés, a été appelé, à cause de sa popularité, la bible de la jeunesse et la bible des paysans. »

Après cette esquisse des divers sujets sur lesquels s'exerça le poëte, voici comment s'exprime le judicieux observateur.

« Le caractère du talent poëtique de Cats se distingue surtout par tout ce qu'ont de plus attrayant la naïveté, la simplicité, la bonhommie, la popularité. Il possède une profonde connaissance du cœur humain ; sa morale est douce, agréable, indulgente, sans prétention, s'adaptant à tous les états de l'âme et du cœur ; car nul mieux que lui, n'a su allier le sentiment à la raison, et au bon sens pratique et journalier, l'imagination la plus riante et la plus fertile ; c'était à proprement parler une âme douce, tendre, simple et bonne qui se révélait dans sa poësie. »

Après cela la conclusion est toute naturelle et chacun se rangera du sentiment de monsieur de St.-Hilaire en disant : qu'on ne peut faire un meilleur, un plus grand éloge d'un poëte.

« Cats mourut le 12 septembre 1660, à quatre-vingt-trois ans, dans cette délicieuse campagne de Zorgvliet, que l'on voit à gauche de la belle route qui va de La Haye à Scheveningue, au milieu des arbres séculaires qui aboutissent à la mer, et au travers desquels on entend souvent le bruit plaintif du vent mêlé au mugissement profond du terrible Océan. »

Le travail de monsieur de St.-Hilaire s'occupant spécialement des poëtes fabulistes, il cite les fables que Cats a traduites d'Esope *en rimes faciles*, dit-il, *et qui ont tout l'attrait qui s'attache aux compositions originales.*

Les flamands de France seront heureux de savoir le bon accueil fait par le comité aux précieuses dissertations dont il est ici question et applaudiront au bon goût qui la déterminé à en faire élection pour en orner le septième volume de ses publications.

Chacun saisira avec une indicible jouissance le tact de spirituelle utilité avec lequel monsieur de St.-Hilaire a fait sa citation finale ; il a écrit comme nos devanciers et nos modèles en laissant une pensée morale et utile dont l'âme aime à s'entretenir.

Voyez, nous dit-il, *comme la poësie de Vader Cats est simple, familière, essentiellement morale et pratique, comme ses vers sont faciles, comme les expressions même les plus ordinaires et les plus usuelles ont quelque chose de naïf et de poëtique.*

Puis vient l'exemple. C'est l'apologue de notre poëte sur cette sentence du sage : *Vade ad formicam*, Horace (livre I.er, satyre I.re) a écrit sur la fourmi.

> Parvula (nam exemplo est), magni formica laboris
> Ore trahit quodcumque potest, atque addit acervo
> Quem struit, haud ignara ac non incauta futuri.

On connaît la fable de La Fontaine : *La Cigale et la Fourmi.* Voici les paroles de Cats :

GAET TOT DEN MIER, GHI LEUYAERT.

> Ghy leuyaert die nu legt en slaept,
> En dan en wyle sit en gaept,
> Op, op, en gaet eens tot de mier,
> Dat is, een kleyn maer neerstigh dier,
> Dat is voorsichtigh ende wys ;
> Dat gadert's somers syne spys,
> Op dat er door de strenge kou
> Niet door gebreck vergaene sou.
>
> Maer ghy leght en koeckeloert,
> Door vreemde droomen omgevoert :
> Ghy ziet hoe dat de snelle tydt,
> Hoe dat de jonckheydt henen glydt ;
> En ester noemt ghy niet ter handt
> Tot effeningt van u verstandt.
>
> Op, op en stelt het lyf te werck,
> En set de mier tot u gemerck ;
> Want die by lichten dage slaept,
> En in den somer sit en gaept,
> Is weerdigh dat hy koude lyt
> Wanneer de felle winter byt.

Monsieur de St.-Hilaire désirant donner pour l'intelligence des personnes qui ne connaissent pas le hollandais, une traduction de ces vers, me pria de vouloir bien me charger de cette mission honorable. Je me fis un plaisir de me rendre à ses désirs. Je me trouve aujourd'hui bien récompensé de cette obligeance dans le bienveillant accueil fait à mon travail avec une si noble délicatesse de procédés.

PARESSEUX! ALLEZ VOIR LA FOURMI.

O paresseux! quelle ignoble indolence
Vous asservit! dans quelle nonchalance
    On vous trouve endormi !
Debout, debout; secouez la paresse,
Prenez conseil de l'aimable sagesse ;
    Venez voir la fourmi.

Petit insecte au corps fluet, débile ;
Mais à l'ardeur intelligente, agile.
    Instinct mystérieux !
Pendant l'été, l'insecte emmagasine,
Aussi l'hiver il ne souffre famine.
    La fourmi parle aux yeux.

Le paresseux se berce et se dorlotte ;
Sur cent projets toujours son esprit flotte
    Et les jours et les nuits;
Le temps s'envole et jeunesse se passe,
Et son esprit sème-t-il dans l'espace
    Autre que des ennuis?

Bailler, dormir et ne rien faire,
C'est s'exposer à n'avoir pour salaire
    Qu'un lamentable sort !
Pour trafiquer au gré de son envie,
Pour abriter plus sûrement sa vie,
    Le travail est un port !

Dans le travail montrez votre constance,
Sachez user d'une rare prudence :
    Ne restez endormi,
Debout, debout, secouez la paresse,
Prenez conseil de l'aimable sagesse ;
    Imitez la fourmi.

plus grâcieuses sympathies. Il s'ensuit que ce petit livre a sa place nécessaire dans toutes les bibliothèques de la Flandre.

QUINTIN METSYS

ou

LE FORGERON PEINTRE

Un volume in-18. Prix 0 franc 50 centimes.

Il se rattache au souvenir de Quintin Metsys une anecdote de piété filiale qui doit rendre ce petit livre l'objet de la propagande de tous les pères de famille et des personnes qui s'occupent de moraliser la classe si intéressante des ouvriers. Voilà pour tous.

Mais comme presque tous les flamands de France vont au moins une fois en leur vie à Anvers et visitent le musée et la pompe Metsys, c'est avec une plus douce satisfaction qu'ils contempleront les objets d'art dus ou au pinceau ou au marteau de Metsys, après avoir été initiés au titre de Forgeron peintre par la lecture de ce petit livre édifiant et historique.

ELOGIUM CASLETI A MAXIMIANO VRIENTIO

COMMENTAIRE & TRADUCTION.

Brochure in-12. Prix 0 fr. 25 c.

C'est le compte rendu d'une séance tenue à Cassel par le congrès archéologique de France en 1860, sous la présidence de Monsieur de Monnecove, Sous-Préfet d'Hazebrouck.

Hazebrouck. — Imprimé chez L. Guermonprez.

se couronne par un sourire du ciel. La faveur céleste envers Élisabeth parle au cœur de la jeunesse.

Ce drame a ceci de particulier qu'on peut y faire figurer toutes les jeunes personnes d'un établissement.

ŒUVRE PIE.

Publications d'images pieuses propres à être données en récompense dans les catéchismes et les écoles.

Les diverses collections s'obtiennent par inscription de cinq francs.

Les personnes qui, par position ou par goût charitable, sont dans le cas de distribuer des images, feront une bonne chose à tous égards de prendre une inscription :

1.° Elles en auront pour leur argent ;

2.° Elles favoriseront la propagande d'images édifiantes ;

3.° Elles prêteront un utile concours à l'œuvre du Denier de Saint-Pierre.

Le profit de la vente de ces images étant offert à cette œuvre.

La plupart des personnes actionnaires de cette œuvre ont renouvelé plusieurs foie leur inscription. On ne peut donner de preuve plus convaincante de satisfaction. Cette œuvre fournit l'occasion aux psuvres communautés de coopérer à l'œuvre du Denier de Saint-Pierre sans s'obérer puisque le produit s'y verse. Comme il leur faut de temps à autre acheter des images, en se procurant celles-ci, il est évident qu'il y a en même temps satisfaction pour leurs besoins, et jouissauce pour leur cœur religieux.

S'adresser à M. Bloeme, curé de Roquetoire, par Aire-sur-la-Lys. — Les envois d'argent par un bon sur la poste. — Ou peut, pour les petites sommes, envoyer des timbres-poste. — En écrivant, affranchir et donner très-lisiblement l'adresse de destination, afin d'éviter toute erreur dans les expéditions.

EXTRAIT

de plusieurs journaux touchant le drame intitulé

LA CHARITÉ EN ACTION.

Plusieurs journaux dont le premier le *Propagateur* du Nord et du Pas-de-Calais ont eu l'amabilité de parler du second drame d'après les légendes sur la vie de Ste.-Élisabeth, duchesse de Thuringe, dans les termes suivants :

Il vient de paraître, en faveur des maisons d'éducation de jeunes filles, un drame historique par Adolphe Bloeme, curé de Roquetoire (Pas-de-Calais), drame intitulé *la Charité en action*, dont toutes les scènes sont puisées dans *la vie de sainte Élisabeth*, fille d'André, roi de Hongrie et duchesse de Thuringe.

Nous avons sous les yeux ce nouvel ouvrage de l'auteur *d'une famille princière*. Toutes les scènes y expriment le noble sentiment religieux et moral qui doit guider le cœur et la main dans la charité fraternelle.

Une douce édification en est comme le parfum, et toute la vérité de l'histoire s'y manifeste.

Ce livre ne peut manquer d'avoir grand succès auprès des personnes qui s'occupent d'éducation. Il se recommande aux mères de famille par le seul exposé de son titre, et nous ajouterons qu'il ne peut avoir plus d'à-propos. Ces jours derniers, les filles de Sainte-Elisabeth, à Berck (Pas-de-Calais), n'ont-elles pas vu revivre dans leur établissement les actes sublimes de leur patronne quand l'Impératrice apparut parmi elles, et fit découvrir à ses yeux les plaies de leurs pauvres orphelines ?